CON ESTA LÍNEA

Luisa Vera

COMBEL

Con esta línea viajamos,
¡despierta, que ya nos vamos!

El cuarto ya está ordenado.
Nos marchamos a otro lado.

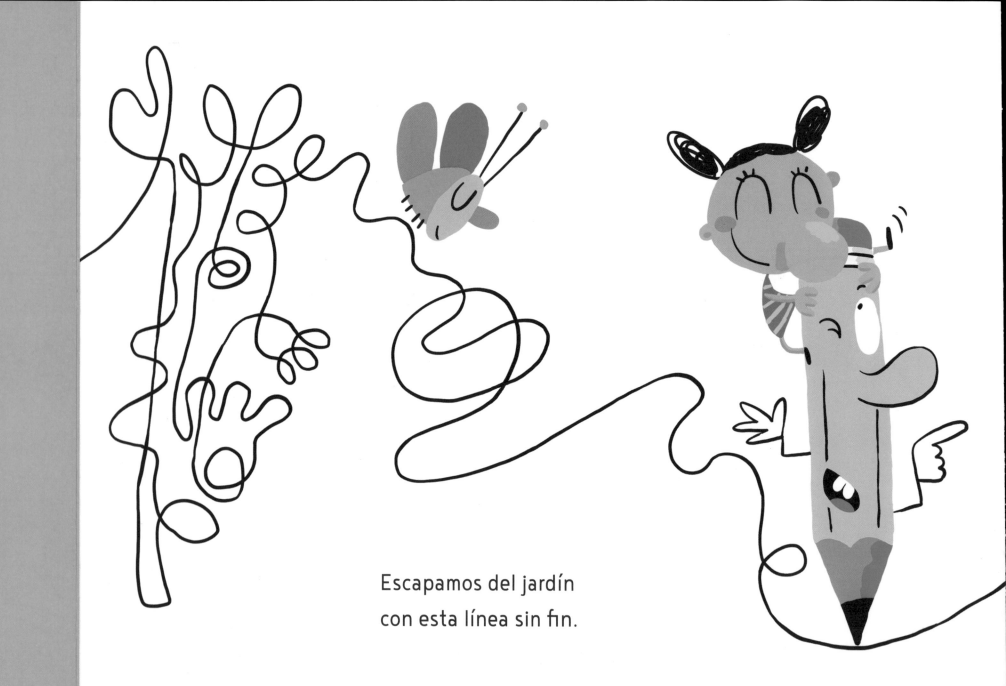

Escapamos del jardín
con esta línea sin fin.

Por la ciudad dando tumbos
buscaremos otros rumbos.

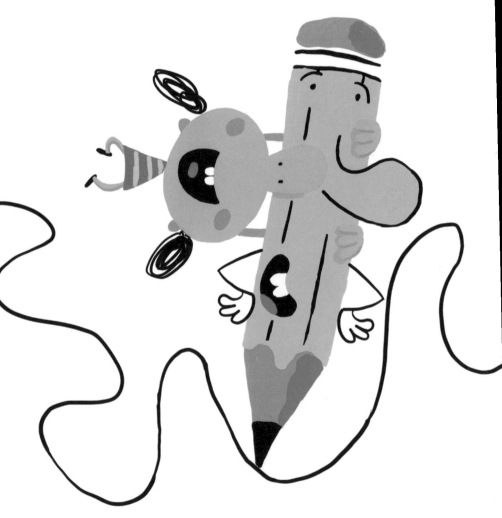

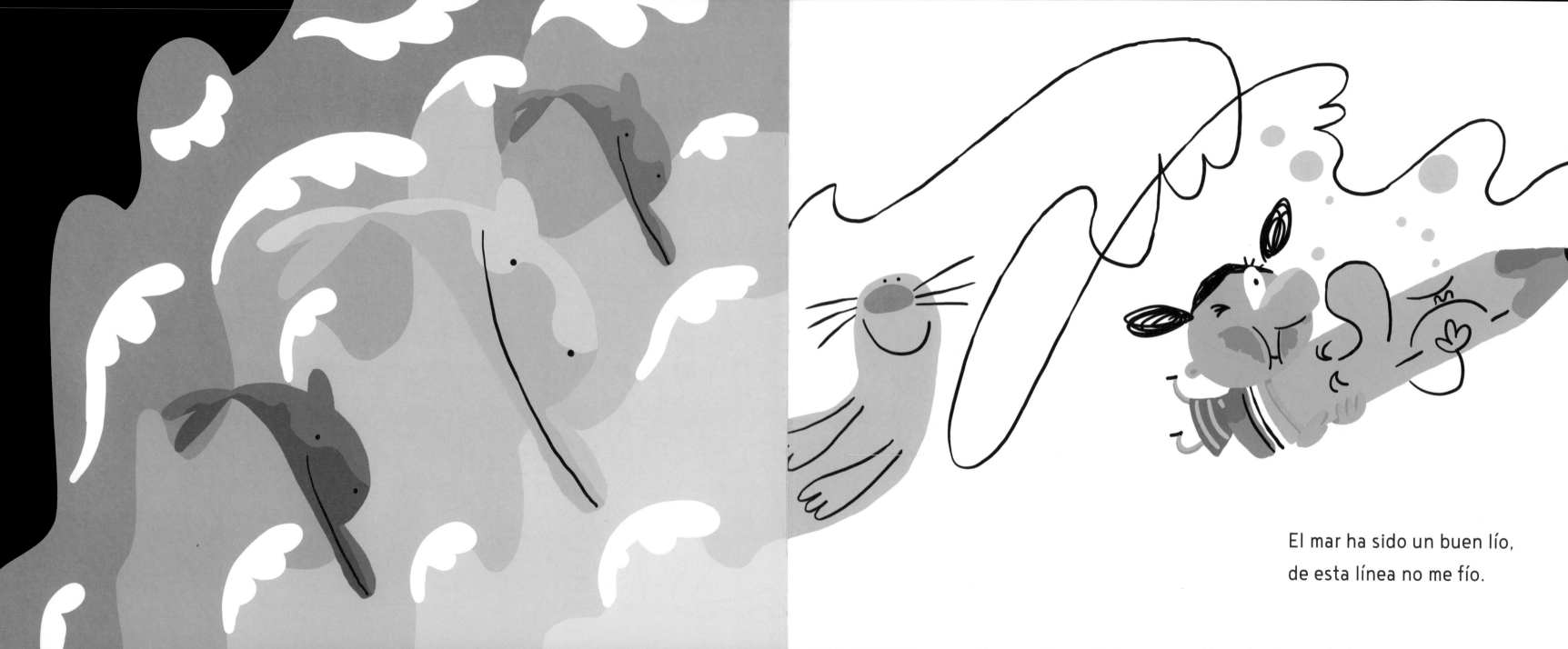

El mar ha sido un buen lío,
de esta línea no me fío.

¡Huyamos a toda prisa!
¡Esta selva no es de risa!

Del espacio vuelvo a casa.
¡Qué rápido el tiempo pasa!

Y ahora a dormir y a soñar

cómo se hace un viaje,

sin apenas equipaje,

con una línea, no más.

Ya has visto que con una sola línea podemos contar una historia. Esta técnica se inspira en la obra de dos grandes artistas del siglo xx:
Paul Klee y **Saul Steinberg.**

¿Quieres conocerlos?

¡PARA SABER MÁS!

PAUL KLEE

«Una línea es un punto que sale de paseo.»

Hace casi 150 años que Paul Klee nació en Suiza; un artista con una sensibilidad especial que además de pintar, tocaba muy bien el violín. La música era tan importante para él, que de joven dudó si dedicarse a la música o a la pintura. La combinación de colores vivos con formas geométricas hizo de Paul, finalmente, un maestro de la pintura, uno de los más grandes. En sus inicios probó la técnica del dibujo con línea: empezaba marcando un punto, que se convertía en una línea, que a su vez se convertía en un dibujo.

Fíjate en las imágenes de la derecha, ¿eres capaz de ver el cascabel en el dibujo del ángel? ¿Te has fijado que puedes repasarlo sin casi levantar el dedo?

Paul Klee, 1921
(detalle)

Paul Klee, *Belastete Kinder*, 1930

Paul Klee, *Great Hall for Singers*, 1930

Paul Klee, *Schellen-Engel*, 1939

SAUL STEINBERG

«Mi obra es como un rompecabezas en forma de dibujo.»

¡PARA SABER MÁS!

Saul Steinberg nació a principios del siglo XX en Rumanía, aunque a los veintinueve años se fue a vivir a Nueva York. En esta ciudad se publicaba la revista *The New Yorker*, que todavía existe, en la que colaboró como dibujante desde entonces. A Saul le encantaba viajar y recorrió los Estados Unidos en tren, coche y autobús, observando todo lo que le rodeaba y dibujando en una libreta escenas de la vida cotidiana con un fino sentido del humor. De carácter inquieto, Steinberg experimentó también con el *collage*, los estampados para tela, el papel pintado, los murales o las escenografías de teatro.

Fíjate en este fragmento de *La línea*, ¿qué te gustaría que apareciera al final?

Saul Steinberg, *The Line*, 1954 (detalle)

La línea *es un dibujo de diez metros de largo en forma de libro acordeón en el que da vida a una línea en torno a la cual va recreando diferentes imágenes: los canales de Venecia, un tendedero de ropa, las vías de un tren, la acera de una calle, las pirámides de Egipto, el interior de una casa, el mar...*

Saul Steinberg, *Sín título*, 1954

Saul Steinberg, 1978

Saul Steinberg, *Sin título*, 1950

Saul Steinberg, *Sín título*, 1948

SOLUCIONARIO

Por si te has hecho un lío con la línea, aquí encontrarás los objetos y personajes escondidos en los dibujos.

Veloces como cohetes, recogemos diez juguetes.

Llegamos hasta el jardín. ¿Cuántos bichos hay aquí?

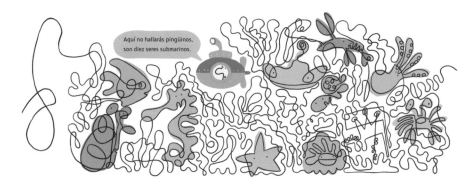

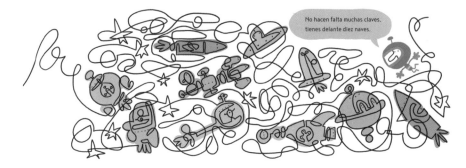

¿Quieres probar, tú también, a dibujar aquí con una sola línea?

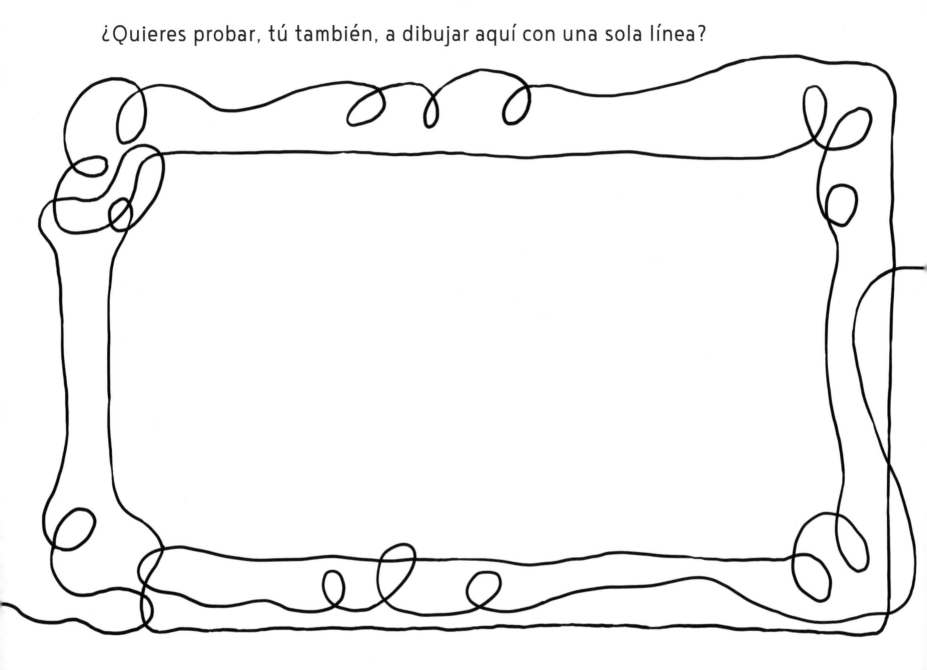